RELATION

DE TOUT
CE QUI REGARDE
LA MOSCOVIE,
SES HABITANS
ET LEUR
GRAND DUC,
TIRE'E DES MEILLEURS
Auteurs qui en ont parlé
jufqu'à prefent.

A PARIS,
Chez Denys Thierry, ruë
S. Jacques à la ville de Paris.

M. DC. LXXXVII.
AVEC PERMISSION.

AU LECTEUR.

D ANS un temps
où la gloire in-
comparable & la
renommée éclatante de
noftre invincible Mo-
narque Loüis le Grand
donne lieu aux moins cu-
rieux de fes Sujets, de
voir fans fortir de chez
eux les Nations les plus
reculées, par les Ambaf-
fades que fa Majefté en

ā ij

reçoit ; il feroit à fou-
haiter qu'à mefure que
ces Ambaffades vien-
nent, quelqu'un voulût
donner une Inftruction
abregée de ce qui con-
cerne les Peuples qui les
font. Car par ce moyen
les François pourroient
acquerir d'une maniere
bien glorieufe, & fans
aucune eftude penible,
la connoiffance des Païs
éloignez, qu'on ne peut
avoir autrement fans des
lectures infinies de plu-
fieurs Livres écrits en

AU LECTEUR.

differentes langues , ou
sans de longs voyages &
des fatigues insupporta-
bles.

Dans cette pensée
nous avons crû que ce
seroit une chose agrea-
ble & avantageuse en
mesme temps, de pren-
dre l'occasion de la ve-
nuë des Ambassadeurs
Moscovites pour don-
ner au Public un Extrait
succint & exact de tout
ce qui regarde leur Païs,
afin que comme cette
matiere fait maintenant

le sujet des entretiens de tout le monde, chacun en puisse parler avec une connoissance suffi-
sante de ce que les meil-
leurs Auteurs en ont dit.

Nostre dessein n'est donc que d'extraire icy fidellement & dans le moins de paroles que nous pourrons, ce qui se trouve écrit de la Moscovie par les Auteurs les plus celebres & les moins suspects, en differents temps, en differents Païs, & en differentes langues,

en

en y donnant feulement
une fuite & divifant tou-
te la matiere par Chapi-
tres , afin de la rendre
plus aifée à retenir , &
qu'on puiffe trouver avec
plus de facilité tout ce
qu'on voudra chercher
de ce qui regarde ces
peuples.

Si nous voyons que ce
petit travail foit receu a-
vec plaifir , ce nous fe-
ra une occafion de don-
ner, dans la fuite , de pareils Abregez fur diver-
fes Nations peu con-

é

AU LECTEUR.

nuës de ceux qui n'ont pas fait une étude particuliere de cette sorte de science.

TABLE

DES CHAPITRES

contenus en cette Relation.

Table des Chapitres.

F I N.

---

pag. 3. ligne 10. soit, l. sont. pag. 15. lig. 7.
grosses mouches, effacez grosses. pag. 51. lig. 6.
& 7. qu'à cause l. qui, à cause. pag. 60. lig. 14.
& qu'il l. à qui il.

RELATION

EXACTE ET CURIEUSE,

De tout ce qui regarde la Moscovie, ses Habitans & leur Grand Duc, tirée des meilleurs Auteurs qui en ont parlé jusqu'à present.

CHAPITRE I.

De la situation, & de la qualité du Païs.

LA Moscovie est une grande Region à l'extrémité de l'Europe qui est contiguë à l'Asie vers le Septentrion ; c'est une partie de

A

l'ancienne Sarmatie, nommée Ruffie du nom des anciens peuples Roxolans, & la Mofcovie s'appelle auffi Ruffie Blanche à caufe des neiges qui y couvrent la Campagne les deux tiers de l'année, & elle a encore le nom de Grande Ruffie à caufe de fa vafte eftenduë. Elle eft prefque toute dans la Zone temperée Septentrionale, & il n'y a que fes coftes vers le Nord qui foient dans la Zone froide.

Ses bornes font de ce cofté là la Mer Glaciale ou Ocean Septentrional : du cofté de l'Orient c'eft le fleuve Oby & le Tanaïs : du cofté du midy c'eft le petit Tanaïs, les Rivieres de Defna & Pfola,

avec la petite Tartarie : &
au couchant c'eſt le Boriſte-
ne, le Narva, & les frontieres
de Pologne, de Suede & de
Nortvege.

Cet Empire a mille lieuës
de longueur & ſept cents de
largeur, ainſi il eſt ſans con-
teſtation que de tous les païs
de l'Europe qui ſoit ſous la
domination d'un ſeul Prince,
il n'y en a point de plus vaſte
que celuy-là.

Aux extrémitez vers le
Nord il y fait un tres-grand
froid, & il y a une nuit de
trois mois, ſans aucun jour
pendant Novembre, Decem-
bre & Janvier; mais en re-
vanche, il y a un jour de trois
mois ſans nuit, pendant May,
Juin & Juillet. En d'autres

endroits le jour est de deux
mois, en d'autres d'un mois,
en d'autres de vingt-quatre
heures, suivant que le païs se
trouve plus proche ou plus
éloigné du Pole Arctique.

Nonobstant ce grand froid
& les longues nuits qu'il
fait en Hyver dans ces con-
trées, les Peuples qui les habitent aiment mieux voya-
ger en cette saison qu'en Esté.
La Lune leur éclaire suffi-
samment, & mesme les étoil-
les qui leur luisent quasi
toûjours, outre cela la neige dont les champs sont couverts, & au défaut de tout cela ils ont des flambeaux d'un
certain bois couvert de graif-
se de poisson que le vent al-
lume au lieu de les éteindre.

Mais l'Esté la grande & con-
tinuelle chaleur les estourdit,
principalement dans le païs
moins Septentrional & plus
proche de la Pologne, où la
quantité incroyable de ces
grosses mouches que nous
appellons cousins les fait de-
sesperer. Cette chaleur ex-
cessive où ils passent au sortir
d'un grand froid leur cause
quelquefois des maux aux
yeux ; mais ce n'est qu'aux
plus délicats & cela est rare.

La Moscovie est assez fertile, estant arrosée de quantité de Rivieres dont quel-
ques-unes comme le Jenis-
cea & la Dwine ou Duna, se
débordent comme le Nil &
engraissent la terre. La pre-
A iij

miere de ces deux rivieres
dans son débordement, cou-
vre soixante & dix lieuës de
païs, & le chaud de l'Esté venant là-dessus, les bleds meu-
rissent en six semaines.

La fameuse plante nom-
mée Boranets, se trouve aux
environs de la riviere de Volga ou Rha : cette plante res-
semble tout à fait à un a-
gneau & en a toutes les parties avec une toison délica-
te dont les femmes se servent
pour couvrir leur teste : elle
a quelque peu de sang & de
chair : elle n'a point de cor-
nes, mais des bouquets comme de laine en façon de cor-
nes : elle vit & se nourrit autant de temps qu'elle a de
l'herbe verte autour d'elle,

mais aussi-tost que l'herbe voisine vient à seicher, ce Zoophyte ou plante-animal vient à défaillir manquant de nourriture. Le goust de cette plante est tres-agréable, si nous en croyons Petrée & le Baron de Herbestein.

On y tuë en Hyver quantité de vaches qui se conservent pendant deux mois à cause de la gelée, & les cuirs en font excellens, & fort renommez en Europe.

Ce païs est abondant en abeilles, & on trouve dans les bois grande quantité de cire & de miel, jusques-là que Demetrius Ambassadeur de Moscovie à Rome, assuroit au rapport de Paul Jove qu'-

un Villageois de ſa connoiſ-
ſance s'eſtant un jour laiſſé
couler dans un grand & gros
arbre creux pour chercher
du miel, ſe trouva dans le
miel juſqu'à la poitrine, &
demeura deux jours dans cet
eſtat, ne vivant que de ce
miel, juſqu'à ce qu'une our-
ſe qui venoit pour en manger ſe laiſſa aller en bas à la
façon des hommes, laquelle
auſſi-toſt il embraſſa par der-
riere & l'effara tellement a-
vec ſes cris qu'elle ſortit
promptement de cette fon-
driere & il en ſortit avec
elle.

Les Moſcovites ont ou-
tre le miel & la cire, de la
poix, de l'huile, du ſel, du
lin, du chanvre, dont ils

font grand commerce avec leurs voisins, & generalement on estime de toutes leurs denrées, les grains de Rezan & de Voldimere, les cuirs de Jaroslaw, la cire & le miel de Pleskou, le suif de Vologde, l'huile des environs de la Volga, le lin & le chanvre de la grande Novogrod, la poix de Dwine, le sel d'Astracan ; & enfin les martres zibellines, & les fourrures de siberie.

CHAPITRE II.

Des mœurs des Moscovites.

LES Moscovites se vantent d'estre sortis des

Grecs. Ils font generalement d'une complexion tres-robuste , & les Boyards qui font leurs Nobles , aiment fort à paroiftre avec de gros ventres , jufques-là qu'on diroit qu'ils font confifter en cela les marques de leur nobleffe : Ils n'ont pour furnom que le nom propre de leur Pere , comme Alexis Mikelowits , c'eft à dire Alexis fils de Michel , Jean Bafilowits , Jean fils de Bafile , Alexis Alexiewits, Alexis fils d'Alexis.

Ils portent la barbe longue & les cheveux fort courts. Leur grande occupation eft la chaffe ou la guerre.

Ils font infatigables & fe contentent de pain & d'eau,

ils couchent mefme tous à terre, ou fur des bancs, fi on en excepte les perfonnes de qualité. On les voit fi fort accoûtumez au froid & au chaud, qu'ils paffent d'une extremité à l'autre fans que cela incommode leur fanté. Cependant cette grande force ne leur vient pas d'avoir teté long-temps, car les enfans n'y tetent leurs meres qu'un mois ou deux: Ils ne fe plaifent gueres chez eux: Ils font incivils & mefme cruels envers les Etrangers, comme s'en plaint Jacques Ambaffadeur de Dannemark : Ils font méfians, traiftres, & aiment fi fort le fang, que l'office de bourreau n'eft pas infame parmy

eux : Ils sont si faineans,
qu'il semble que l'oisiveté
soit leur partage naturel ; ils
font leurs affaires importan-
tes durant la nuit. Ils font
grands negocians , fins &
rusez , & trompent impu-
nément dans le commer-
ce ; cela passe chez eux pour
adresse : Ils sont débordez
aprés les femmes : & le Czar
qui n'estoit pas encore ma-
rié au temps que cét Am-
bassadeur de Dannemarck,
dont nous avons parlé , fut
envoyé vers luy , avoit toûjours auprés de sa personne
cinquante filles de maison
illustre qui le suivoient par
tout où il alloit. Ils font
aussi fort sujets à l'yvro-
gnerie , & peu de person-

nes en sont exempts : Ils prenoient autrefois du tabac
avec grand excez : mais l'an
mil six cens trente-quatre, il
leur fut défendu rigoureu-
sement sur peine du fouët,
s'ils en prenoient par la bouche ; & d'avoir les narines
fenduës, s'ils estoient con-
vaincus d'en avoir pris par
le nez. Le motif de cette
défense si rigoureuse fut
la dépense qui ruinoit les
familles en tabac, & le
danger des suites qui en ar-
rivoient ; car un homme qui
s'en estoit enyvré, mettoit
le feu à sa maison & brûloit
quelquefois la moitié d'u-
ne Ville, parce que leurs
maisons sont toutes de bois,
la pierre y estant extréme-

ment rare. Ils ne laiſſent pas
de fumer malgré cette défenſe, tant ils ſont enclins
à ce plaiſir de faineant ; mais
le pis eſt, qu'ils ſe jettent
de là dans des vices plus criminels & plus infames. La
vanité & l'arrogance leur
ſont naturelles : ils mépriſent
tout le monde, & ils s'imaginent qu'aucune autre Nation ne leur eſt comparable.

CHAPITRE III.

De leurs Repas.

ILs n'ont point de vin
dans leur Païs, mais ils
ſe ſervent du medon ou hydromel, & de l'eau diſtillée.

d'orge & d'avoine , qui é-
chauffe & enyvre comme le
vin. Il est vray qu'on porte
en Moscovie de la malvoisie
& du vin Grec. Ils prennent
aussi de l'eau de vie à l'en-
trée du disner. Leurs colla-
tions se font avec du pain
d'épice , de l'eau de vie , &
de l'hydromel.

Quand le Czar fait l'hon-
neur à quelqu'un de le faire
manger avec luy , on le met
dans une salle separée de la
sienne ; & si le Prince le veut
bien favoriser , il luy envoye
du pain ou du sel de sa table.

Permistem qui estoit Am-
bassadeur de Dannemark auprés du Czar , dit que lors
qu'il mangea chez luy il y

avoit cent Gentilshommes
qui le fervoient & qui portoient à chaque fervice autant de plats d'or fur la table ; le difner dura fix grandes heures. Le Prince por-
toit alors une robe toute
femée de diamans , rubis,
émeraudes , & autres groffes
pierreries ; fi bien qu'il y
avoit lieu de s'étonner com-
ment il pouvoit foûtenir
une fi grande charge. Il y
avoit prés de luy trois cens
Gentilshommes veftus de
robes de drap d'or , four-
rées de martres ; & l'Ambaffadeur Jacques dit que lors
qu'il aborda le grand Duc
il avoit une robe de velours
jaune , couverte de pierres
precieufes , un carcan d'or

&

& de pierreries, un bonnet couvert aussi de pierreries & d'une couronne d'or : Il avoit au doigt plusieurs bagues, avec de fort grosses perles, & un Sceptre d'or à la main : Mais nous voilà insensiblement passez au Chapitre des Habits.

CHAPITRE IV.

De leurs Habits.

ON use en ce Païs-là de toutes couleurs sur les habits, excepté du noir, qui n'est que pour les seuls Prestres, entre lesquels les plus honorables portent un tableau pendu au col, dans

lequel sont écrits les Com-
mandemens de Dieu.

Les habits ordinaires des
hommes sont de grandes
robes, dont le bord va juf-
ques aux talons, avec des
manches fort étroites, &
de mesme longueur que les
robes ; Les gens de qualité
les ont de satin, de damas,
de brocard, & les Bourgeois
de drap qu'on porte des
Païs étrangers ; parce que
dans le Païs ils ne font que
des draps fort grossiers, dont
les seuls Païsans s'habillent.
On ne porte pas la ceinture
au dessus du ventre, mais
au dessous, afin que le ventre en paroisse plus gros :
Leurs colets & leurs chemi-
ses sont ordinairement en

broderie de foye de diverfes couleurs ; ils ne portent
point de chapeaux , mais des
bonnets , & au lieu de fouliers ils ont des botines de
cuir rouge ou jaune ; ex-
cepté les Païfans , qui portent des fouliers d'écorce
d'arbre, qu'ils font eux-mef-
mes , car ils font-là tous
Cordonniers.

L'habillement des femmes
eft prefque le mefme que
celuy des hommes ; leurs
robes font feulement un peu
plus larges , leurs manches
de chemifes font de trois
ou quatre aunes de long &
fort pliffées , & leurs bonnets font fort bizarres.

CHAPITRE V.

Des Civilitez & des complimens dont ils usent entr'eux.

LEs Moscovites ont dans toutes leurs maisons une image de quelque Saint, & lors qu'une personne rend visite à un autre, celuy qui entre oste aussi-tost son bonnet & se tourne vers l'image, fait trois fois le signe de la Croix, puis baissant la teste, il dit, *Ayez pitié de moy, Seigneur ;* & en suitte il saluë celuy qu'il vient voir. Ils se touchent tous deux reciproquement

dans les mains , ils fe baifent , & font à qui baiffera
le plus la tefte ; aprés quoy
ils s'affeyent & s'entretiennent , & lors que celuy qui
eft venu veut s'en retourner,
il va au milieu de la cham-
bre faire la mefme chofe
qu'il a faite en entrant.

Pour ce qui regarde leurs
autres civilitez, ils faliient les
Grands en donnant du front
contre terre , parce qu'ils
font confifter le plus grand
refpect au plus grand baif-
fement de la tefte ; c'eft
pourquoy lors que les pauvres demandent l'aumofne,
ils donnent auffi du front
contre terre.

CHAPITRE VI.

De leur Etude, & de leurs Sciences.

LEs Moscovites n'ont eu aucun alphabet jusqu'en l'an mil deux cent soixante-deux, que l'Empereur Michel Paleologue leur envoya les caracteres des Esclavons, lesquels ils apprirent à lire & à écrire, & encore aujourd'huy tous leurs Livres sont écrits en ces caracteres. Ils n'ont ny Colleges ny Universitez, mais seulement des Ecoles pour apprendre à lire & à écrire ; cela leur suffit pour

eſtre Docteurs. Que ſi quelqu'un vouloit paſſer plus
avant & apprendre quelque
ſcience, il ſeroit puny, parce que les grands Ducs ne
veulent pas que perſonne
ſoit eſtimé plus ſçavant
qu'eux.

Delà vient que les No-
taires, les Secretaires, & meſme le grand Chancelier, ne
répondent preciſément aux
Lettres des Princes Etrangers, ny aux propoſitions
de leurs Ambaſſadeurs, que
ce que le Czar leur dit &
leur commande.

Les Preſtres meſmes n'en
ſçavent pas davantage, &
ils ne preſchent jamais, mais
ſe contentent de faire quelques lectures dans l'Egliſe,

comme nous dirons.

Ils écrivent fur des rouleaux de papier coupez en bandes & colez enfemble de la longueur de vingt-cinq ou trente aulnes.

Ils n'ont qu'une Imprimerie à Sloboda d'Alexandre´, à trois grandes lieuës de Moſkow.

Ils n'ont aucun Medecin que ceux qui ſervent l'Empereur, & il n'y a parmy eux aucune boutique d'Apoticaire. Comme ils ne reçoivent pas volontiers les Étrangers, ils ne ſçavent que leur Langue, qui eſt la Langue Eſclavonne, mais fort corrompuë.

Ils commencent l'année par le premier jour du mois

de

de Septembre, & ne ſe ſervent point pour compter
les années, d'autre Epoque
que de celle de la creation
du monde, qu'ils croyent
avoir éſte faite en Automne.

CHAPITRE VII.

De leurs Mariages.

POur ce qui regarde
leurs mariages, il n'eſt
pas permis à celuy qui doit
épouſer, de voir la fille a-
vant le jour des nopces. Il
n'y a que les parens de l'un
& de l'autre coſté qui ſe
voyent, & qui concluent
l'affaire.

Un des articles que le pere

de la fille fait toûjours mettre dans le Contrat eſt , que
le mary ne la foüettera jamais , ſuivant la relation
d'un Auteur Anglois qui a
eſté neuf ans à la Cour du
Czar ; & lors que les con-
tractans ſont à l'Egliſe , le
Curé , outre les demandes
ordinaires , demande encore
à l'époux s'il menacera &
battra ſa femme ; & l'époux
ayant répondu que non , le
Curé , aprés ces interroga-
tions , met ſur la teſte des
deux mariez un bouquet
d'abſynthe , leur donne la
benediction , & boit à leur
ſanté dans une taſſe de bois
doré , dans laquelle ils boivent en ſuitte eux-meſmes,
& auſſi-toſt l'époux jette la

tasse par terre & la foule aux pieds , demandant à Dieu que tous ceux qui les voudroient mettre mal ensemble soient ainsi foulez.

Chacun n'épouse qu'une femme , qu'il garde tandis qu'elle luy agrée , mais dés qu'elle luy déplaist il la renvoye pour le moindre sujet; & le mary qui s'est ainsi défait d'une femme , en peut épouser une autre aprés six semaines.

La condition des femmes est miserable , car les hommes ne tiennent pour honnestes que celles qui ne sortent jamais du logis. Elles vont fort rarement à l'Eglise , & jamais au bal ny aux autres assemblées. Lors que

leurs maris les battent, elles
les en aiment davantage,
parce qu'elles croyent que
c'eſt qu'ils ſont jaloux d'elles, & par conſequent amou-
reux : auſſi les maris n'en
font-ils pas plus d'état que
de leurs ſervantes.

Si, les maris & les valets
eſtant abſens, il arrive que
les femmes ayent à tuer une
poule ou autre beſte pour
appreſter à manger, elles
vont à la porte du logis
portans cette beſte & un
coûteau, & prient ceux qui
paſſent de faire cét office;
parce que les hommes tiennent pour impur tout ce qui
eſt tué par les femmes. Celles qui ſe marient trois fois
paſſent pour lubriques.

CHAPITRE VIII.

De leurs Funerailles.

AUssi-tôt que quelqu'un est mort on lave le corps, on luy met une chemise neuve, & des botines rouges toutes neuves.

Lors qu'on le porte en terre, quatre filles voilées marchent devant le corps, faisant des cris & des plaintes horribles, & elles demandent au défunt, entr'autres choses, pourquoy il est mort.

Lors qu'on est arrivé au lieu de la sepulture, on laisse la biere prés de la tombe durant huit jours, au bout defquels on revient au mefme lieu , & ceux qui avoient accompagné le mort le baifent. En fuite le Preftre met un billet en la main du défunt , dont l'écriture porte qu'il a bien vefcu , & que le Preftre luy a donné l'abfolution de toutes fes fautes : Ce qui fe fait (à ce qu'ils difent) afin que le mort montrant ce billet à faint Pierre , ce Saint luy ouvre auffi-toft la porte de Paradis. Aprés cela ils enterrent le corps , & chacun jette un peu de terre fur le tombeau.

Les parens ne font en deüil que durant fix femaines, aprés lefquelles le veuf ou

la veuve se peuvent remarier. Le jour du deceds est
mis en écrit par les parens,
qui s'assemblent tous les ans
à pareil jour, pour faire un
festin en memoire du défunt.
Ce n'est pas dans les Eglises
que les morts sont enterrez,
mais dans les Cimetieres.

CHAPITRE IX.

De leurs Richesses.

LE revenu du grand Duc
est tres-considerable; Car
il a son Domaine, il a les
imposts qui vont à vingt-
deux millions de livres, &
outre cela il tire des som-
mes incroyables des tavernes
C iiij

qu'il entretient, & il a cinq
pour cent de toutes les marchandiſes, ce qui fait encore un revenu immenſe, car
le commerce & le negoce
eſt tout à fait grand en
Moſcovie. Par deſſus tout
cela, ce Prince eſt maiſtre
abſolu de toutes les Terres
de ſes Eſtats ; en ſorte que
perſonne n'a rien de propre
qui ne vienne de ſa main,
& tous les biens de ceux qui
meurent ſans enfans luy re-
viennent : On dit meſme
que s'il y a des perſonnes
riches, qui ſoient incapables
de le ſervir ou à la guerre ou ailleurs, il prend une
partie de leur bien, ou pour
ſoy, ou pour en entretenir
quelque Officier. Il a la plus

grande partie des peaux &
des fourrures, comme aussi
des poissons, qu'il fait con-
server secs pour la nourriture
des garnisons.

Permistem dit, qu'il a
tant de plats d'or & tant de
belles pierreries, qu'il n'y a
Prince en Europe qui l'egale. L'an mil quatre cent soixante & dix-neuf, le Duc
Jean emmena seulement de
Novogrod, lors qu'il y fut
entré, trois cents chariots
chargez d'or, d'argent & de
pierres precieuses. Outre que
ce Prince ramasse tout l'or
& l'argent, tant monnoyé
qu'autre, que les Estrangers
portent en Moscovie sans
permettre qu'il sorte du païs.

Il prend mesme à ses Am-

baſſadeurs, lors qu'ils viennent des païs étrangers, tous
les preſents d'or & d'argent
qu'on leur a faits.

Il tient ſes treſors dans les
Fortereſſes de Jaroſlaw, de
Moskou & du Lac Blanc, ou
Bieloſer.

Le Païs n'a point de mines
d'or ny d'argent, & ce qui
le fait abonder en or & en argent ne vient que de ce que
nous avons dit, que depuis
que l'un ou l'autre y eſt entré il n'en ſort jamais, les
Moſcovites ne payant aux
étrangers ce qu'ils prennent
d'eux qu'en marchandiſes de
leur païs.

Ce qui fait les richeſſes
des particuliers, c'eſt la li-
beralité du Prince ou le ne-

goce; car, comme nous avons déja remarqué, la Moscovie fournit abondamment aux autres païs, des fourrures, des cuirs, du miel, de la cire, du lin, du chanvre, du suif. Mais comme le Prince est le maistre de tout, il ne laisse à chaque particulier que ce que bon luy semble.

Leurs Ports les plus marchands sont Astrakan sur la Mer Caspie, & saint Nicolas sur le Golfe de Grandwic. Dans le premier viennent les marchands de Perse & d'Armenie ; & dans le second l'on voit les Navires d'Angleterre & de Hollande.

CHAPITRE X.

De leurs Forces.

LEs Moſcovites ſont fort adroits à tirer de l'arc , & ne manquent gueres à porter leur fléche où ils veulent. Ils ont outre ces armes l'épée & la hache , & ſe ſervent depuis long-temps d'armes à feu , juſques là qu'en 1579. leur Czar avoit, ſeulement en quatre Chaſteaux , deux mille canons , dont quelques-uns eſtoient ſi gros qu'eſtant ſur le ventre, un homme de grande taille ne pouvoit pas toucher le haut avec la teſte.

Permiſtem aſſeure que ce

Prince peut assembler en quarante jours trois cens mille chevaux & cent mille bons arquebusiers : & Petrée qui est plus moderne que Permistem, dit que le Czar ne se met jamais en campagne avec moins de trois cens mille hommes. Il n'entretient pourtant d'ordinaire que quinze mille hommes de cavalerie & douze mille d'infanterie pour sa garde & pour les garnisons, avec soixante & cinq mille pour visiter tous les ans les frontieres du costé de la Tartarie, sous la conduite d'environ cent Officiers, afin de prevenir les courses des Tartares. Lors qu'il a besoin d'une plus grande armée, les

Nobles font obligez non feulement de luy fournir un
nombre de foldats entretenus
à proportion du nombre des
ferviteurs qu'ils ont chacun,
mais encore de venir eux-
mefmes à la guerre , fans que
rien puiffe les en excufer, pas
mefme une maladie , & fi
quelqu'un y manque tous
fes biens font auffi-toft con-
fifquez.

Les armées ne font ordi-
nairement compofées que de
gens de cheval ; parce que
l'Infanterie eft refervée pour
la défenfe des places, ce qui
fait qu'elle eft plus eftimée
que la Cavalerie ; parce qu'-
elle foûtient un fiege avec
beaucoup de vigueur , comme on a affez vû à la défenfe

du Chasteau de Vilna, à celle de la Forteresse de Note-
burg, & aux autres occasions
depuis deux cens ans: au
lieu que la Cavalerie qui
combat en pleine campagne
a peu de force & d'adresse; &
en effet on a veu qu'en batail-
le rangée ils ont presque toûjours esté battus par les Polonois & par les Suedois.

L'Infanterie mesme n'est
pas si habile à attaquer une
place qu'à la défendre, ce
qui a paru devant Smolensko
en 1633. devant Riga en
1656. devant Azac en 1673.
& ailleurs.

Le Czar donne des che-
vaux à tous ceux qui sont à
l'armée, hormis aux Gentilshommes qui doivent avoir

les leurs, & font tenus de fer-
vir pour rien. La paye des
autres eft de huit thâlers par
an, moyennant quoy il faut
qu'ils s'entretiennent & qu'-
ils foient préts à toute heure
à marcher, de telle forte que
fi quelqu'un manque à venir
eftant mandé il pérd la vie,
un thâler ne vaut qu'environ un écu de noftre mon-
noye, mais on vit à fi bon
marché en ce païs là, qu'on
ne doit pas eftre furpris qu'-
un cavalier s'y entretienne
pour huit écus par an.

Ils font fi lâches qu'ils ne
combattent jamais qu'ils ne
fe voyent fix fois plus nom-
breux que leurs ennemis, &
encore aprés cela, fi dans le
combat ils font un peu maltraittez

traittez, ils prennent auſſi-
toſt la fuite en jettant les armes, quoy qu'ils ſçachent
qu'ils ſont mal receus chez
eux lors qu'ils ont perdu la
victoire; car les Capitaines
ſont foüettez, & les biens de
tous les autres ſont confiſ-
quez.

Le Grand Duc a pour ſes
gardes, ſelon Dom Juan de
Perſe, dix mille hommes des
plus forts & des plus vail-
lants qu'on puiſſe choiſir.
Ses fortereſſes ſont en grand
nombre, ſituées avantageuſe-
ment ſur des lacs ou des ſer-
pentements de riviere ou des
rochers, munies de tout, &
fortifiées de bois & de terre,
qui eſt ce qui reſiſte le mieux
au canon.

D

Il a pour voisins les Tartares Precopites , ses ennemis
mortels , qui se sont rendus si
redoutables aux Moscovites,
que l'an 1575. sur le bruit
qui courut en Moscovie,que
les Tartares venoient en
grand nombre , le Czar s'alla
refugier au Fort de Slobode
où il n'avoit rien à craindre.
Cette frayeur venoit du sou-
venir des maux que les Tartares avoient faits en Moscovie huit ans auparavant, lors
qu'ils ravagerent tout le païs,
brûlerent à Moscou quarante mille maisons , & tuerent
deux cens mille hommes.

Il a aussi pour voisins les
Polonois , dont les guerres
qu'ils ont euës avec les Moscovites depuis l'an 1600. ont

fait connoiſtre que vingt mille Polonois battront toû-
jours plus de ſoixante mille
Moſcovites.

Il a encore pour voiſin le
Suedois qui a fait plus de mal
que tous les autres aux Moſcovites , leur ayant enlevé
grand nombre de villes & de
fortereſſes, juſqu'à ce que par
l'entremiſe du Roy d'Angleterre, la paix ſe fit entr'eux
l'an 1617. moyennant diver-
ſes conditions, & entr'autres
que le Czar renonceroit à la
Livonie, & n'en prendroit
plus le titre de Duc, ce qui a
porté grand préjudice à ce
Prince. Car ſelon Permiſtem
il avoit dans la Livonie des
Magazins de ſel qui luy rap-
portoient tous les ans un mil-
lion d'or. D ij

CHAPITRE XI.

De leur Gouvernement.

TOut ce grand païs est gouverné par un seul Monarque qu'on nomme le Grand Duc ou Knez de Moscovie, car Knez en Russien signifie Duc. Il prend aussi luy-mesme le titre de Czar qui semble estre derivé de Cesar, & qui signifie Empereur, il se nomme aussi grand Seigneur : & on l'appelle encore le Roy Blanc, parce que ses sujets portent des bonnets blancs. Ses Armes sont un Aigle à deux testes portant trois Couronnes.

Le fils succede au throsne de son pere, & au défaut de fils les plus proches parents. Les Czars qui regnent à present sont fils d'Alexis I I. Celuy-cy estoit fils d'Alexis Michel ou Michalowits qui mourut en 1676. & de la fille d'Elie Danilowits Miloslawski; car les Czars épousent toûjours une de leurs sujettes.

Michel pere d'Alexis qui mourut le 12. Juillet 1643. avoit épousé Eudoxe Lucanowena. Il estoit fils du Patriarche de Moscou, & avoit esté élû par les Moscovites, qui avoient chassé Ladislas Prince de Pologne, qu'ils avoient mis eux-mesmes sur leur throsne aprés qu'il eut

pris Moscou en 1611. Peu
de temps avant celuy-cy regnoit Demetrius qui a fait
tant de bruit, & qu'on a pre-
tendu estre un imposteur.

Onpeut voir la suite Chro-
nologique des Grands Ducs
dans les Histoires faites au
long,& nous ne nous y arrête-
rons pas dans ce petit Abregé,
nous contentant de marquer
seulement que Volodimir fils
de Steslaus est proprement
tenu pour le premier Grand
Duc de Moscovie, & que ce
fut luy que les Grecs conver-
tirent à la Foy Chrêtienne
l'an 988. Il prit au Baptesme
le nom de Basile, & Joreslas
luy succeda.

Ce Volodimir avoit esté
fort meschant avant de se fai-

re Chrêtien. Il eſtoit ſi im-
pudique qu'il avoit plus de
huit cens concubines & ſix
femmes legitimes. Mais en ſe
faiſant baptiſer il repudia
ſes femmes, & chaſſa toutes
ſes concubines : aprés quoy
il épouſa Anne ſœur des Em-
pereurs Baſile & Conſtan-
tin.

Sous le regne de Gregoire
Sevolodits l'un de ſes ſuccef-
ſeurs, Bati Empereur des Tartares ſubjugua toute la Ruſſie, & la rendit tributaire aux
Tartares, tuant Sevolodits de
ſa propre main l'an 1237. &
la Ruſſie demeura depuis ce
temps-là ſujette aux Tartares l'eſpace de deux cens ſoixante ans, pendant lequel
temps les Ruſſes ou Moſco-

vites eurent des Princes au choix des Tartares, qui abuserent tellement de leur pouvoir, que lors qu'ils envoyoient des Ambassadeurs en Moscovie, le Prince estoit obligé d'aller au devant de ces Ambassadeurs, de mettre pied à terre, d'offrir au Chef de l'Ambassade un plat plein de lait de cavale, de lecher les gouttes qui en tomboient par hazard sur le crin du cheval, de mener ensuite les Ambassadeurs au Palais, & de se tenir debout & nuë teste devant eux assis & couverts. Ce pauvre Prince estoit encore obligé par un serment solemnel de donner du foin à manger dans son bonnet au cheval

val du Grand Kam.

Le Czar Jean Basilowits surnommé le Grand fut celui qui délivra son païs de tous ces infames hommages. Il est Ayeul de Jean Basilowits II. qui regnoit lors que Possevin fut Ambassadeur en Moscovie. Celui-ci fut le plus grand Tyran qui ait jamais esté. Il prenoit plaisir à voir tourmé-ter des hommes: il fit en Livonie une action d'une cruauté detestable ; il prit 500. filles Nobles & les abandonna à la brutalité de ses soldats, & ensuite les fit déchirer & mettre en pieces. Aprés ces horribles cruautez , & toutes les grandes conquestes qu'il avoit faites , il se fit Moine: laissant l'Empire à ses deux

E

fils : mais bien-toſt aprés les plus Grands du païs luy en-voyerent des Deputez pour le ſupplier de reprendre le Gouvernement : ce qu'il fit, & fut plus cruel qu'aupara-vant. Il tua ſon fils Jean d'un coup de bâton. Lors que ce Tyran fut mort, on aſſûre que ſon corps diſparut auſſi-toſt, & on ne le put jamais trouver. C'eſtoit celuy-cy qui avoit ſi bien traité les Juifs du temps du Pape Gre-goire XIII. lors qu'ayant aſſemblé tous ceux qui ſe trouverent dans ſes Etats, il leur fit renier le Judaïſme, & puis ayant fait faire un grand pont ſur le Moſco , il les fit jetter du haut en bas pieds & poings liez, diſant que c'eſtoit pour les mieux baptiſer, depuis lequel temps il n'y en a pas eu dans toute la Moſcovie.

Ce Jean eut pour ſuccesſeur Theodore ſon fils, qu'à cauſe de ſon peu de ſanté, s'aſſocia Boris frere de ſa Femme, lequel, par reconnoiſſance, l'empoiſonna, & fit mourir enſuite Demetrius autre fils de Jean qui n'avoit que neuf ans, & que ſon pere avoit entretenu à Uglithz à cent lieuës de Moskow. Pendant le regne de ce Boris, un Gentil-homme nommé Griska Trepeya, confiné par ſes parents en un Convent pour ſes méchancetez, en ſortit, leut avec attention les Annales de Ruſ fie, puis s'estant bien instruit alla trouver le Roy de Pologne, luy dit qu'il estoit Demetrius fils de Jean Basilowits, en donna quelques marques qui le firent estimer tel, promit que s'il pouvoit parvenir à la Monarchie avec l'assistance des Polonois, il uniroit l'Eglise de Russie à la Romaine : par ce moyen il leva une puissante armée en Pologne, & entrant en Moscovie, il trouva quantité de Moscovites ennemis de la domination de Boris qui suivirent son party, & luy livrerent plusieurs places.

C'est là ce Demetrius dont nous venons de parler. Il vainquit Boris aprés plu-

fieurs combats, & ayant fait
mourir fon fils aprés que le
pere fe fut empoifonné luy-
mefme, il entra dans Mof-
kow, fut couronné par le
Patriarche dans la grande
Eglife : mais le onziéme
mois de fon regne il fut tué
dans la mefme Ville l'an
1606. par fes fujets mefme
qui ne pouvoient fupporter
qu'il fift plus d'eftat des Polonois que des Mofcovites,
& qu'il eût des gardes Etran-
geres ; car il avoit prés de fa
perfonne, fuivant Monfieur
de Thou, une Compagnie de
cent François armez de per-
tuifanes, commandez par le
Capitaine Margeret, qui a
fait une petite Relation de
ce qui regarde ce Demetrius,

E iij

& par occasion de tout l'E-
tat de la Moscovie, qu'il a
dediée à Henry IV. Il avoit
encore cent Halebardiers
Anglois & cent Escossois,
outre plusieurs autres Com-
pagnies d'Allemands & de
Livoniens. Joint que d'ailleurs il vouloit ranger les
Russes à l'obeissance de l'E-
glise Romaine. Son corps
fut traisné par la Ville jusqu'à la place, où il demeura quatre jours étendu sur
une table; & ensuite il fut
brûlé. Zuski principal au-
theur de la conjuration, fut
mis aprés luy sur le thrô-
ne.

Le Grand Duc est Cou-
ronné à Moskow par le Pa-
triarche dans l'Eglise de nô-

tre Dame avec grande ceremonie.

Il a toute authorité dans
ſes Eſtats, tant au Temporel
qu'au Spirituel, & peut diſ-
poſer des biens & de la vie
de ſes ſujets, leſquels avoüent
tous publiquement qu'il ne
fait rien que par la volonté
de Dieu dont il eſt execu-
teur, & cette creance fait
qu'ils luy obeïſſent aveu-
glement, ſe laiſſant épuiſer
& ruiner comme il luy plaiſt,
& perſonne ne ſe diſant maiſtre de quelque choſe. S'il
donne à quelqu'un des Terres, elles ne paſſent point à
ſon succeſſeur ſans la confirmation du Prince : & non
ſeulement les moindres de
ſes ſujets, mais meſme les

E iiij

Princes de son Sang ne se
nomment jamais qu'Escla-
ves de l'Empereur. Il n'appelle luy-mesme aucun Moscovite que par des noms di-
minutifs & tels qu'on les
donne aux valets, comme
Jannot, Colas, Michaut.

Son Conseil est composé
de douze Senateurs, qui sont
pour la pluspart des Knez
ou Ducs. Il y a six départe-
ments : le premier est pour
les affaires Estrangeres : le second pour celles de la Guerre : le troisiéme pour les Finances : le quatriéme pour
recevoir divers comptes : le
cinquiéme pour les procés
Civils : & le sixiéme pour les
Criminels. Tous les Conseils
d'Estat se tiennent ordinai-

rement de nuit. Il y a un
grand Chancelier & un Sur-
Intendant des Finances. La
Juſtice s'adminiſtre en fort
peu de temps, les procés les
plus importants ſont remis
au Prince. Les parties plai-
dent chacune pour ſoy. Lors
qu'un debiteur ne peut ny
payer ſes dettes ny trouver
caution, il devient eſclave
ou du Czar ou de quelque
autre, ſuivant la volonté du
Prince. Le ſupplice des criminels eſt l'eſtrapade ordinairement; & quand le crime
eſt digne de mort, ils ſont
pendus, ou ils ont la teſte
coupée. Celuy qui commet
adultere eſt obligé de donner au Mary autant d'argent
qu'il en demande, & outre

cela il eſt foüetté depuis le Palais où ſe tient la Cour, juſqu'au logis de la Femme, laquelle eſtant repudiée eſt miſe dans un Convent, & auſſi-toſt ſon mary peut en épouſer une autre.

Si quelqu'un niant un crime dont il eſt accuſé, demande le combat contre ſon accuſateur, il luy eſt accordé, & chacun des deux peut mettre une autre perſonne en ſa place pour ſe battre, & prendre les armes qu'il veut, excepté l'arc. Si l'accuſé ou celuy qu'il a mis en ſa place eſt vaincu, il eſt puny, & cette permiſſion de duël fait que la Juſtice entend rarement des plaintes.

Il eſt défendu ſur peine de

la vie à tous les Moscovites
sans exception de personne,
de sortir du païs sans la permission du Czar. De là vient
que tous les Ambassadeurs
de ce païs-là ont à leur suite
quantité de Marchands, qui
ne pouvant sortir autrement
de la Moscovie, prennent
cette occasion de voyager
pour negocier, & le Czar
qui ne l'ignore pas, envoye
souvent exprés des Ambassadeurs pour des sujets peu
importants, & quelquefois
seulement pour demander à
un Prince Etranger com-
ment il se porte. Il est aussi
défendu à tous ses sujets sur
peine de la vie d'avoir des
Navires ; ce qui est une suite
de la défense de sortir.

Si, malgré cette defenfe de fortir, quelqu'un s'eft échappé, & qu'il revienne dans le pais, le Prince le recompenfe au lieu de le chaftier. Cette recompenfe eft, qu'il rend l'efclave libre, annoblit le roturier, acquitte les endettez, & abfout les criminels.

Il retient toujours prés de luy les Femmes, Enfans & autres proches Parents de ceux à qu'il donne le Gouvernement des places, ou la conduite des Armées, pour les obliger par là à ne point biaifer. Lors qu'il envoye quelqu'un en Ambaffade ou à la défenfe de la Frontiere, ou à quelque autre Commiffion, celuy-cy fait lé voyage à ſes dépens. Il eſt vray que s'il s'acquitte bien de ſa charge, le Grand Duc luy donne un Gouvernement à ſon retour.

Il donne auſſi à ſes Ambaſſadeurs des Gardes qui les doivent accompagner par tout, & hors la preſence deſquels il ne leur eſt pas permis de parler à perſonne.

CHAPITRE XII.

De ce qui regarde les Ambaſſadeurs que le Grand Duc reçoit.

LEs Ambaſſadeurs des Princes Etrangers ſont

défrayez par le Grand Duc
avec toute leur suite tandis
qu'ils marchent dans ſes
Etats, ſoit en venant, ſoit en
s'en retournant. Lors qu'il
leur donne Audiance, il eſt
aſſis ſur ſon throſne doré, &
veſtu de velours rouge couvert de perles & de pierreries, portant ſur la teſte le
bonnet Royal avec la Cou-
ronne: il a une grande croix
d'or penduë au col qui luy
vient ſur la poictrine : ſes
bottines ſont couvertes de
perles & de pierreries : & il
porte en la main gauche un
ſceptre de corne de Licorne
enrichy d'or, de diamants
& dautres pierres precieu-
ſes.

Lors que les Ambaſſa-

deurs le saluënt, il leur presente la main à baiser, à eux
& à chaque Gentil-homme
de leur suite. Et avant leur
départ, il fait aussi des pre-
sents à eux & à tous ceux
qui les accompagnent, jusques au moindre valet. Mais
si les Ambassadeurs ne font
tout ce qu'il desire, ils sont
maltraittez, battus & mis
en prison, sur tout s'ils manquent le moins du monde
aux grands respects qu'il
exige d'eux : jusques là que
le Grand Duc Jean Basi-
lowits fit cloüer le cha-
peau sur la teste à un Ambassadeur Italien qui s'étoit
couvert en sa presence. Cette fierté du Czar est la chose la plus incommode pour

traiter avec luy ; car on a toutes les peines du monde de demeurer d'accord fur les titres qu'il pretend qu'-on luy donne , non feulement quand on luy envoye des Ambaffadeurs, mais mef-me, quand on en reçoit de fa part : Et en 1645. il prit pour pretexte de la guerre qu'il fit contre la Pologne, que les Polonois ne luy a-voient pas donné les titres qui luy font dûs.

CHAPITRE XIII.

De la Religion des Mofcovites.

LEs Mofcovites fuivent la creance des Grecs qui
les

les ont premierement in-
ſtruits , & tiennent les autres
Chrêtiens ſi éloignez de la
vraye Doctrine , que lors
que le Czar donne Audiance
à des Ambaſſadeurs des autres Princes de l'Europe , il
a toûjours auprés de luy un
baſſin plein d'eau , pour ſe
laver auſſi-toſt qu'ils ſeront
partis , comme s'il avoit eſté
ſoüillé par leur preſence.
Meſmes c'eſt une choſe ordinaire parmy les Moſcovites,
que lors qu'ils ſont en cole-
re contre quelqu'un , ils luy
ſouhaittent qu'il embraſſe la
creance des Romains ou des
Polonois , comme le plus
grand malheur qui luy ſçau-
roit arriver.

Ils diſent l'Office & la Meſ-

F

ſe en langue du Païs. Leur
Meſſe eſt trois fois plus longue que la noſtre ; ils conſa-
crent avec le pain levé ; ils
mettent dans le Calice de
l'eau chaude avec le vin, diſant qu'il ſortit du coſté de
noſtre Seigneur, du ſang &
de l'eau qui eſtoit chaude ;
ils donnent la ſainte Hoſtie
aux enfans de ſept ans, parce qu'ils diſent que c'eſt à
cet âge que les hommes commencent à pecher ; ils communient ſous les deux eſpe-
ces; ils ſe confeſſent ; ils n'ont
point de Vigiles comme
nous; mais ils jeûnent tous les
Vendredys ; leur Carême eſt
de ſept ſemaines ; la Priere
pour les Morts ; les Proceſ-
ſions, les Pelerinages, le ſi-

gne de la Croix, & autres pareils actes de Religion practiquez dans l'Eglise Romaine leur sont familiers.

Ils honorent les images qui sont toutes chez eux de peinture platté, & on ne les peint point avec aucune partie du corps nuë. Ils ont une veneration particuliere pour Saint Michel, pour Saint André, pour Saint Jean, pour Saint Elie, mais ils reverent sur tout la Sainte Vierge & Saint Nicolas qui est le Patron de leur Païs, & le Protecteur de leur Nation. La plus grande feste de l'année est chez eux celle de l'Annonciation.

Ils baptisent les enfans par

immersion,en les plongeant par trois fois dans l'eau jusques au deſſous de la bouche. Ils n'ont point de Predicateurs, mais leurs Preſtres liſent publiquement les vies des Saints, ou quelque Homelie, meſmes de Saint Jean Chryſoſtome. Ils font leur priere debout, & donnent quelquefois en priant Dieu du front contre terre.

Ils ont un Metropolitain Patriarche particulier de leur Religion, lequel ne dépend plus à preſent du Patriarche de Conſtantinople. Son élection ſe fait par les Archeveſques, Eveſques, Abbez, & par tout le Clergé de Moſcovie. Si le Duc agrée l'élection, il eſt consacré : sinon le Duc en élit un autre à son gré. Le Patriarche de Constantinople confirmoit autrefois cette élection, mais depuis le Duc Basile cette confirmation n'est plus recherchée. Il est vray que le grand Duc ne laisse pas d'envoyer tous les ans à ce Patriarche là, par forme d'aumosne, environ cinq cens écus. Celuy de Russie a environ quarante-trois mille livres de rente. Antoine Sielanva qui avoit ce Patriarchat, fut déposé l'an 1667. dans un Synode general, pour avoir contribué aux desordres arrivez en Moscovie au sujet de la Religion.

Le Patriarche a trois Ar-

chevefques fous luy ; dont
le principal fe tient à Novogrod , & les deux autres à
Sufdal & à Roftrow. Il y
a plufieurs Evefques , comme celuy de Rezan , de Ko-
lon, de Cazan , de Tuver,
de Smolensko, d'Aftracan,
de Pleskou & autres , qui
font tous choifis entre les
Moines. Ils ne font pas mariez , & ne mangent jamais
de chair, non plus que le Patriarche. Ils ne portent point
d'anneaux aux doigts, ny ne
vifitent point leurs Dioce-
fes , mais ils donnent charge à quelques hommes laï-
ques de s'informer de leurs
Preftres & Curez.

Les fimples Preftres qui
font nommez Pafpes, peut-

estre par corruption au lieu
de Papes c'est à dire peres,
épousent une fille avant d'ê-
tre Prestres. Que s'ils viennent à la perdre & veulent
demeurer sans se marier, ils
continuent leur exercice :
mais s'ils prennent une autre Femme, ils ne peuvent
plus faire les fonctions de
Prestres. Il y a quantité de
Moines de l'Ordre de saint
Basile, tous grandement
ignorans. Il y a aussi des
Convents de Religieuses qui
suivent la Regle de saint Antoine : mais un voyageur Anglois a écrit, que leur prin-
cipale occupation est de faire des sortileges qui se pra-
tiquent dans les mariages,
sur tout des gens de qualité

Il n'y a dans toute la Ruſſie que deux Abbez, mais il y a beaucoup de Prieurs.

L'habillement du Patriarche & de tous les autres Prelats eſt noir, & tout ſemblable à celuy des Moines, ſans autre difference, ſinon que celuy des Prelats eſt de velours ou de damas, & celuy des Moines eſt de drap. Il n'y a que le ſeul Archeveſque de Novogrod qui porte le manteau & le bonnet blanc.

Le Patriarche benit la Riviere de Moſco deux fois l'année, ſçavoir le jour des Rois & le jour de l'Aſſomption de la ſainte Vierge, auſquels jours les autres Prêtres beniſſent de meſme les

autres

autres rivieres, & alors on voit baigner plusieurs hommes, femmes & chevaux, & mesme tremper plusieurs images dans ces rivieres.

Entre les ceremonies des solemnitez que font les Moscovites, la plus remarquable est celle du jour des Rameaux, auquel le grand Duc ayant oüy la Messe en l'Eglise de Nostre-Dame, s'en va dans celle qui est appellée de Hierusalem, menant un asne sur lequel le Patriarche est monté. L'ordre de cette Procession est tel : Les Evesques, les Moines & les autres Prestres marchent les premiers richement vestus. Ils sont suivis de deux chevaux qui tirent un arbre sur

G

lequel font affis quatre Enfans veftus de blanc , qui
crient fans ceffe *Ofanna in
excelfis*; & cét arbre eft char-
gé de diverfes fortes de
fruits. Il y a quarante jeunes Enfans nobles qui marchent aprés , & portant des
robes d'écarlatte les éten-
dent par les ruës. Le Pa-
triarche les fuit , monté fur
un afne conduit par le grand
Duc , donnant la benedic-
tion au peuple avec une
Croix qu'il porte. Lors qu'il
eft arrivé à la porte de l'E-
glife de Hierufalem , il def-
cend de fon afne & entre
dans l'Eglife avec le Duc,
auquel il donne deux cens
rubel pour l'honneur qu'il
luy a fait (le rubel vaut

quatre livres seize sols.
Tout le monde porte à cette procession des branches
de palme , & ils tiennent
pour grand peché de n'y
pas assister, & de ne porter
pas une branche. Le mesme
se pratique comme à Mos-
kow , dans tous les autres
lieux de la Russie , où l'E-
vesque ou le Curé repre-
sente le Patriarche , & le
Gouverneur ou le Juge re-
presente le Grand Duc.

CHAPITRE XIV.

De leurs Erreurs.

LEs Moscovites errent
en ce qu'ils tiennent

que le Saint-Esprit ne procede pas du Fils : qu'il n'y a point de Purgatoire : qu'il ne faut pas jeûner le Samedy : que l'Hostie consacrée le Jeudy Saint est plus consacrée que les autres : que ceux qui communient en peché mortel ne reçoivent pas le Corps de JESUS-CHRIST : qu'on peut se remarier, la premiere femme estant vivante dans un Convent : qu'on ne peche pas en prestant à usure : que la restitution des choses d'autruy n'est pas necessaire pour le salut : qu'il n'est pas permis de faire en relief l'image de Nostre Seigneur JESUS-CHRIST : que lors que la femme d'un Prestre vient à mourir, & que le Preſtre ſe remarie, il n'eſt plus Preſtre. Pluſieurs tiennent que la ſimple fornication n'eſt pas peché. Ils défendent chez eux aux Catholiques Romains tout exercice de leur Religion, quoy qu'ils permettent à toutes Nations de quelque autre Religion qu'elles ſoient, de vivre en liberté de conſcience. Il eſt vray qu'il n'y a point de Juifs parmy eux, mais il y a pluſieurs Peuples idolatres. Les Lutheriens Allemans ont une Egliſe avec exercice au village de Craſnacella, prés de Moskow.

CHAPITRE XV.

De l'étenduë de la Moscovie
& de toutes ses Provin-
ces , Païs & Royaumes,
avec les mœurs & les Reli-
gions differentes de leurs
Habitans.

PArmy les grandes Provinces que le grand Duc possede en Europe, les plus considerables sont la Duché de Moscovie , qui a donné le nom à tout l'Empire, parce que sa Capitale qui est Moskow, est le Siege ordinaire du Prince , comme aussi du Patriarche qui est logé auprés de luy. Cette

Ville a de tour trois lieuës d'Allemagne. Il y a quarante-six mille maisons, & quatre mille cinq cens Eglises ou Convents. Les principales de ces Eglises sont toutes revestuës de cuivre doré, & la plus pauvre de toutes a cinq cloches. Les ruës y sont fort larges, mais tellement boüeuses dés qu'il y pleut, qu'on a peine d'y marcher. Cependant l'air y est si sain & dans toute cette Duché, qu'on ne se souvient pas qu'il y ait jamais eu de peste. On y trouve trente mille Boyars ou Gentilshommes, toûjours prests à monter à cheval pour le service du Czar ; la ville Sloboda d'Alexandre est

dans cette Duché : cette Ville eſt renommée par ſon
Imprimerie.

La Duché de Moſaisko
ayant cent ſeize lieuës de
longueur & autant de lar-
geur. Elle n'eſt qu'à dix-
huit lieuës de Moskow, &
le Païs y eſt ſi agreable,
que le Czar ſe tient en Eſté
dans la Capitale de cette
Duché, qui eſt de meſme
nom ; & lors qu'il y a quelques mouvemens de guerre,
il y va faire ſes devotions
dans la Chapelle de ſaint
Nicolas.

La Principauté de Twer,
qui eſt de plus grande étenduë que la Duché de Moſ-
covie, & qui fournit au Prince quarante mille Boyars à

cheval, & trois fois autant de gens de pied. La Ville Capitale eſt de meſme nom, on y bat monnoye; c'eſt une Ville riche & fort marchande. On y compte cent ſoixante Egliſes.

La grande Novogrod, dont la Capitale de meſme nom, eſt le Siege d'un Archeveſque. Cette Ville a cent Egliſes ou Chapelles, la pluſpart couvertes de cuivre doré, & un beau Château ſitué au milieu de la Ville ſur une riviere, & tres-bien fortifié.

La Lapie ou Laponie Orientale (car l'Occidentale dite Sacrifinie, reconnoiſt le Roy de Suede) c'eſt un Païs ſi froid qu'il

n'y vient point de bled. Les
animaux y font tous blancs,
& quelques-uns de fes Peuples ont un jour de mille
heures pendant le Solftice
d'Efté , & une nuit de mefme au Solftice d'Hyver. Il
eft vray que pendant ce long
jour le corps du Soleil de-
meure couvert d'une épaiffe
nuée de vingt en vingt heures , fuivant le témoignage
d'Olaus Magnus , de Goës,
& de Petreus. Il y a dans
les montagnes de ce païs de
grands Lacs de cent lieuës
de long & de quarante lieuës
de large , qui font abondans
en poiffon. Il y a auffi quantité de Rangiers ou Reines:
c'eft une efpece de Cerfs
qui ont du crin comme les

Chevaux, & qui eſtant ap-
privoiſez ſont d'une grande
utilité à leurs maiſtres par
le moyen de leur lait tant
qu'ils ſont en vie, & par
leurs peaux, leurs nerfs,
leurs ongles, leurs os, leur
corne, & leur poil lors qu'ils
ſont morts. Il y a telles
perſonnes qui en ont quatre
cens & huit cens, que des
paſteurs menent au paſtu-
rage, & en ſuite les enfer-
ment dans des étables. Si
on les mene dans des Païs
chauds, ils n'y ſçauroient
vivre long-temps. Ils ſont
encore d'un grand uſage, en
ce qu'ils tirent les chariots,
& font en un beſoin dans
l'eſpace de douze heures,
trente lieuës de Suede, qui

font cinquante de nos lieuës,
on file leurs nerfs pour en
faire des étoffes à s'habiller,
leur chair eſt tres-bonne à
manger , & tres-ſaine. Les
Lapons font tous de fort
petite taille , naturellement
timides , & font (dit-on)
ſi grands ſorciers , qu'ils ar-
reſtent les Navires en mer,
nonobſtant la faveur des
vents , à quoy on pretend
qu'on remedie , en frottant
le tillac des excremens de
quelque fille. Ils s'occupent
à la peſche & à la chaſſe
pour vivre , car ils ne culti-
vent pas la terre. Les femmes meſmes vont à la chaſſe
avec leurs arcs & leurs flé-
ches. Ils attachent des ais
polis ſous leurs pieds , &

vont avec cela legerement
par les montagnes & valées
couvertes de neige , pour
tirer aux beftes. Ils font
rôtir les oifeaux & autre gi-
bier , & au lieu de pain ils
mangent d'une moëlle qui
eft au fommet des pins. Ils
fe nourriffent auffi de poiffon , qu'ils prennent en a-
bondance. Ils n'ont pour
maifons que des tentes , qu'-
ils tranfportent d'un lieu en
un autre. Ceux qui n'en ont
pas habitent dans des caver-
nes , dans des rochers , dans
des arbres creux. Ils fe marient entr'eux , fans autre
ceremonie que de tirer du
feu d'un caillou avec du fer,
en prefence des parens & des
amis. Ils ne font nul cas de

l'or ny de l'argent , mais lors que les Ruſſiens trafi-quent avec eux , ils troquent leurs marchandiſes contre les leurs : cela ſe fait ſans dire un ſeul mot ; les Ruſ-ſiens expoſent à la veuë ce dont ils veulent ſe défaire, & vingt ou trente Lapons viennent pour les voir , & s'ils trouvent qu'ils puiſſent s'en accommoder, ils l'em-portent & laiſſent à la place ce qu'ils eſtiment de pareil-le valeur chez eux : ce qu'ils donnent ſont des peaux & de riches fourrures , & ce qu'ils prennent ſont des ai-guilles , des coûteaux , des coignées , du pain , & au-tres choſes pareilles qu'ils ne ſçauroient faire. Ils ont

auſſi des Barques faites ſans
aucun clou, dans leſquelles
ils portent du poiſſon à leurs
voiſins, pour en recevoir du
bled, & toûjours ſans parler.
Ils donnent au grand Duc la
quantité que bon leur ſem-
ble de leurs peaux , car ce
Prince n'oſe leur impoſer
aucun tribut. Ils ont des
Gouverneurs éleus par eux-
meſmes, & ces Gouverneurs
ſont veſtus de rouge pour
eſtre connus & diſtinguez
des autres. Ils reconnoiſſent
tous pourtant le grand Duc
pour leur Prince ſouverain,
ils adorent le feu & des ſta-
tuës de pierre.

La Province de Bieloſer
qui ſignifie Lac blanc , parce que c'eſt en effet le Lac

blanc qui donne le nom à la
Province, & qui est voisin
de la Ville capitale qui a le
mesmē nom. Cette Ville
est si entourée de maresca-
ges , qu'elle semble impre-
nable. C'est pourquoy le
Czar y tient une partie de
ses tresors , & en temps de
guerre il s'y retire quelquefois.

La Province de Jaroslaw,
dont la Capitale de mesme
nom est tres-celebre pour le
trafic. Elle a quarante mille
Habitans , & une des meilleures forteresses de toute
la Russie.

La Province de Rostrow,
dont la Capitale de mesme
nom est Archevesché.

La Province de Rezan,
où

où est la source du Don ou
Tanaïs qui divise l'Europe
de l'Asie. C'est le païs le
plus fertile de toute la Moscovie , & chaque grain de
bled y fait d'ordinaire plus
de deux épis , dont les
tuyaux croissent si épais ,
que les chevaux ne peuvent
passer qu'avec peine dans
les champs. On n'y amen-
de jamais les terres , quoy
qu'on les seme tous les ans.
Il y a un Evesché tres-ri-
che , & quinze mille Boyars
prests à monter à cheval aux
occasions.

La Province de Pleskou
qui a cent lieuës de long ,
& dont la Capitale de mesme nom est située avec son
Chasteau sur un roc d'où

H

fort la riviere qui porte auſſi
le meſme nom. La renom-
mée Abbaye de Pézuër eſt
à une lieuë de cette Ville.

La Province de Dwina
portant le nom de ſa riviere, laquelle ſe décharge dans
la mer proche du port fa-
meux de ſaint Nicolas, &
non loin de l'Iſle de So-
louski, qui eſt à vingt lieuës
de la Terre ferme, & où il
y a une tres-belle Abbaye
dans laquelle aucune fem-
me n'entre jamais. La nuit
n'y dure que deux heures
au Solſtice d'Eſté, & le
Soleil n'y paroiſt que deux
heures au Solſtice d'Hy-
ver.

Entre les Provinces que
le Czar poſſede dans l'Aſie,

ou qui luy font tributaires,
les principales font :

La Permie, fi marefca-
geufe qu'on n'y peut voyager en Efté, mais feulement
en Hyver, lors que tout eft
glacé ; ce qui fait auffi qu'il
n'y a aucun grain , car les
Habitans ne labourent ny
ne fement non plus que les
Ingrois leurs voifins , au
rapport de Petreus & de
Michowius : les uns & les
autres vivent de la chair
des beftes fauvages. Ils ne
boivent que de l'eau , font
fans argent , & fe fervent de
chiens au lieu de chevaux,
pour traîner leurs chariots.
La plufpart adorent le Soleil, la Lune & les Etoilles.
Les Chrestiens ont pourtant

un Evefque dans la Permie:
mais il en coûta la vie au
premier qui y vint pour y
faire cette fonction : Il s'ap-
pelloit Eftienne, & y eftoit
envoyé par le Duc Jean,
les Habitans l'écorcherent
tout vif.

L'Ifle de la nouvelle
Zemle prés du détroit de
Veygats , habitée par les
Samoiedes , region tres-
froide & tres-incommode,
en ce que la neige dont elle
eft couverte l'Hyver venant
à fondre en Efté , inonde
tout le païs. On n'y voit
pas un feul arbre, les Ruffes
en tirent des peaux d'animaux , de la colle de poiffon, des oyes. Ce païs n'eft
fous l'obeiffance du grand

Duc que depuis l'année
1595. on y adore le Soleil,
la Lune & l'Étoile du Nord,
les Hollandois y trouverent
auſſi au bord de la Mer grand
nombre d'Idoles & de ſta-
tuës de bois, auſquelles les
Habitans ſacrifient des animaux. Dans toute cette con-
trée, y comprenant meſme
la Province voiſine, les hommes n'ont qu'environ qua-
tre pieds de haut, le viſage
large & baſané, la teſte plus
grande que ne le requiert
la proportion du corps, les
yeux petits, les jambes cour-
tes & courbes, nonobſtant
quoy ils ne laiſſent pas de
courir d'une viteſſe incroyable, & tirent parfaitement
de l'arc. Ceux qui ſont prés

du détroit de Veigatz ont
un jour de neuf semaines, &
une nuit de mesme.

La Siberie dont la Capi-
tale est Siber sur l'Oby, &
dont la seconde ville est Tobolsca. Cette Province est
d'une si grande étenduë qu'-
elle a des Païs fort tempe-
rez où il ne fait que bien
peu d'Hyver, comme à
Tooma grande & puissante
Ville, & d'autres endroits
si froids que la terre n'y
produit ny fruits ny feüil-
les, ny herbes. C'est dans
ces endroits fâcheux que
le Grand Duc confine ceux
dont il veut se défaire.
On porte tous les ans à Tobolsca le tribut des peaux
& des fourrures ramassé de

toutes les Villes qui sont deçà & delà l'Oby, & on l'envoye de là au Czar avec une escorte de grand nombre de soldats. Le Prince tient dans cette ville de Tobolsca un Vice-Duc, à qui tous les Gouverneurs de Samoiedie & de Siberie sont tenus d'obeïr. Les Moscovites Chrêtiens ont des Eglises par tous ces Païs.

La Tartarie deserte arrousée de plusieurs rivieres. C'est une Region si fertile que si elle estoit cultivée, elle seroit des meilleures de l'Asie ; car les Tartares qui y jettent le millet & le panis sans aucune preparation de la terre, en recueillent pourtant une quantité incroya-

ble. Elle abonde en cha-
meaux, en chevaux & en
poiſſons. Les hommes y ſont
tres-laſcifs. Ils mangent des
chiens & des chats, mais jamais de porc par un princi-
pe de Religion ; car ils ſont
Circoncis. Ils paſſent quelquefois trois jours ſans manger ny boire, & ne laiſſent
pas dans ce temps-là de faire
leurs exercices ordinaires.
Ils boivent, dans leurs grands
voyages, le ſang tout chaud
tiré de la veine de leurs chevaux. Ils n'uſent quaſi jamais de ſel pour avoir la
vûë plus forte. Si un cheval
eſt tué à l'armée, ils le parta-
gent à quarante ſoldats, &
les Capitaines prennent les
entrailles pleines d'excremens

mens, & les mettent sur
les charbons pour les manger, estimant cela un mor-
ceau délicat. Ils n'ont ny
Villes ny maisons, mais de
longs chariots couverts de
peaux & de grandes tentes.
Ils vont ainsi de place en
place, s'arrestant lors qu'ils
trouvent un bon pastis pour
faire paistre leurs troup-
peaux. Ils tiennent pour un
grand malheur de s'arrester
long-temps en un lieu, &
lors qu'ils marchent ils ne
suivent ny chemin ny sen-
tier, mais se conduisent par
les estoilles, sur tout par celles du Nord. Plus un hom-
me parmy eux a épousé de
femmes, plus il est honoré
& estimé riche, & ils croyent

que le plus grand plaisir du monde est d'en avoir grand nombre. Ils sont la pluspart Mahometans. Ils ont plusieurs Princes, mais tous sont sujets au Moscovite. Ils n'ont ny Loix ny Ordonnances, chacun fait ce que bon luy semble. Lors qu'en guerre ils vainquent leurs ennemis, ils gardent les jeunes garçons & les jeunes filles pour s'en servir, ils vendent aux Turcs ceux de moyen âge, & pour les pauvres vieillards, ils les font servir de blanc à leurs enfans lors qu'ils apprennent à tirer de l'arc.

La Province ou plûtost le Royaume de Cazan, dont la Capitale de mesme nom

fut prife l'an 1552. par le
Grand Duc Jean Bafilowits
fur les Tartares, qu'il chaf-
fa tous de la ville & la peupla de Ruffes, qui s'y trouverent bien-toft au nombre
de plus de cinquante mille
felon Dom Juan de Perfe. Il
y a quantité d'Eglifes & fi.
grand nombre de cloches,
que les veilles des Feftes leur
fonnerie étourdit les perfonnes & les empefche de dor-
mir. Ils font en ce Païs une
boiffon de froment & d'avoine qui enyvre ; c'eft pourquoy il y a une Loy qui dé-
fend aux Artifans de porter
des armes, à caufe qu'é-
tant yvres ils s'entretuënt.
C'eft de ce Païs qu'on tire
la plus grande partie des pel-

leteries qu'on porte à Moskou & en Pologne, & en Prusse & en Flandres. Les Roys qui regnoient autrefois à Cazan mettoient facilement trente mille hommes en campagne : maintenant le Grand Duc ne tient au Château que trois cens hommes qui font bonne garde, à cause que les Turcs & les Tartares font jaloux de cette place, & viennent quelquefois de nuit pour y mettre le feu, fuivant ce que dit Dom Juan de Perfe, que nous avons déja cité.

Les Tartares de Nagar au delà dela Volga vers la Mer Cafpie. Ce font les plus méchans & les plus cruels de tous les Tartares. Dom Juan

de Perse dit pourtant qu'ils
careſſent fort les Etrangers.
Lors qu'ils font feſtin à
quelqu'un, ils tuënt un cheval & en donnent le mem-
bre bien appreſté à la perſonne qu'ils régalent, pour
marque de grande affeſtion.
Le Tribut qu'ils payent au
Grand Duc conſiſte en chevaux & en feutres qu'ils font
de leurs laines. Ils luy en-
voyent, outre cela, vingt mille hommes armez lors qu'il
a beſoin de leur ſecours. Ils
ſont gouvernez par un Kan
qui reconnoiſt le Grand Duc
pour Souverain. Ils trafi-
quent de chameaux, de chevaux & de brebis, dont ils
ont une ſi grande abondance qu'un mouton n'y vaut

que cinq sols.

Les Tartares Zavolhans ou Volgans du nom de la Volga. C'est de ceux-cy qu'on pretend que tous les autres Tartares sont sortis. Ils avoient un Empereur avant qu'ils fussent sujets aux Moscovites. Ce fut le Grand Duc Jean Basilowits qui les subjugua l'an 1554. C'est chez eux qu'est la plante nommée Boranets. Ils sont tous Mahometans.

Le Royaume d'Astrakan dont la Capitale a mesme nom, & est située à deux cens lieuës de Moskow. C'est la premiere Ville Chrétienne qu'on trouve en sortant de la Mer Caspie vers le Nord. Il n'y a que cinq

mille Habitans Moscovites.
La Volga y est souvent gelée, quoy qu'elle y soit large de demie lieuë. On y
prend de gros poissons, dont
le moindre pese quarante
livres : mais personne n'en
ose rien manger que les œufs
qui sont noirs, & si gros
qu'ils pesent six ou sept livres, ils ont un goust excel-
lent, & se gardent secs deux
ans · sans se corrompre. Le
Grand Duc tire tous les ans
un grand revenu des impôts
sur les marchandises qu'on
porte dans cette Ville. Il y
tient un Gouverneur avec
une grosse garnison dans le
Chasteau. Ce Païs eut autrefois des Roys qui payoient
Tribut au Roy des Tarta-

res Precopites, ce qui dura jusqu'à ce que le Grand Duc Jean Basilowits s'en rendit maistre l'an 1554. & chassa les Tartares de la Ville, qu'il fortifia, & peupla de Moscovites. Il y a à deux lieuës de la Ville deux montagnes de sel appellées Busin, le sel en est fort pur, clair comme le cristal, & d'une dureté extréme. Plus on en prend, plus il vient en abondance, plusieurs milliers d'hommes sont employez incessamment pour en couper. Les Marchands du Païs s'enrichissent par le moyen de ce sel qu'ils prennent à leur volonté, n'y ayant aucune défense contraire.

Enfin non loin delà sont
les

les Kirgeſſes, peuples Idolâtres , qui choiſiſſent un arbre en mourant où ils veulent qu'on les pende , afin de demeurer en l'air aprés leur mort. Cette Horde de Tartares a des Preſtres qui montent ſur des arbres d'où ils arroſent le peuple avec du ſang , du lait, & de la fiente des animaux , dont ils font un meſlange avec de la terre , & ces miſerables croyent par ce moyen eſtre nets de tout peché.

Voilà les principales Provinces, les Païs & les Royaumes ſujets au Grand Duc de Moſcovie. Si on veut voir plus à fond ce qui regarde cette Nation , & s'en inſtruire plus amplement :

K

On n'aura qu'à confulter la
Relation que Paul Jove a
compofée au fujet de l'Ambaffade du Grand Duc Ba-
file au Pape Clement VII.
La Relation de Sigifmond
Baron d'Herbeftein , qui a
efté deux fois en Mofcovie
Ambaffadeur de l'Empe-
reur : le Traité de Poffevin;
celuy d'Heidenfthem, de la
Guerre d'Eftienne Roy de
Pologne contre les Mofco-
vites. La Chronique de
Mofcovie de Pierre Petrée:
Les Relations de plufieurs
Anglois dont il y en a une
imprimée en François l'an
1679. L'ouvrage de Mi-
chowius ; le voyage d'Olea-
rius Bibliotequaire du Duc
d'Holftein : la Relation de

l'Etat de l'Empire de Russie
et Duché de Moscovie,
par le Capitaine Margaret
imprimé en 1607. voyez à la
fin de la page 53. de ce
volume &c... 1569.

l'Ambassade du Comte de Carlisle ; celles de plusieurs autres Ambassadeurs de Dannemark , & quantité d'autres Auteurs dont nous avons rapporté ce que nous avons crû de plus necessaire , avec une fidelité qu'on trouvera tres-exacte si on l'examine.

Permis d'imprimer : Fait ce 26. Aoust 1687.
DE LA REYNIE.